臨沂城韻

THE CHARM OF LINYI CITY

付迎东 著

Written by Fu Yingdong

中国摄影出版传媒有限责任公司

China Photographic Publishing & Media Co., Ltd.

中国摄影出版社

自 序

一段故事，讲述着临沂的过去；一行足迹，见证着城市的发展；一道光影，映射出这座城市的未来。从 1992 年投身临沂城市建设管理事业以来，工作之余，我便拿起相机，踏上了记录城市、见证发展的旅程。城市的变迁、繁华、喧嚣与静谧，都在镜头下被定格成了永恒。《临沂城韵》再版是我对城市建设、人文景观、重大事件、自然风光的独特记录和感悟，也是我历经艰辛用镜头捕捉城市之美的历史见证。

摄影对于我而言，不仅仅是光与影的艺术，也是一种生活方式和感悟世界的途径。每当我在城市的街头巷尾穿行，用镜头去触摸那些熟悉的建筑、生动的场景，我都能深切感受到城市的发展脉络和历史的沧桑巨变。老街小巷的改造、高楼大厦的崛起、公园绿地的建设，无不展示了城市的日新月异和勃勃生机。

拍摄出一幅好的作品并非一件轻松的事，在追逐光影的路上，我付出了大量的心血和精力。有时为了捕捉到完美的光线和角度，需要长时间的守候和等待。有时为了拍摄到细节和特色，需要冒严寒、顶酷暑、披星辰。拍摄过程中，还要面对各种意想不到的困难和挑战。但正是这些辛苦和挑战，让我更加珍惜每次按下快门的机会，更加深入地感受到城市建设的魅力和意义。

临沂这座城市，崛起之迅速，发展之蓬勃，被时代所见证，被历史所承载。今年是新中国成立 75 周年，也是临沂撤地设市 30 周年，为更好地展现城市变迁发展的历程，抒发对临沂的热爱之情，我对 30 多年的摄影作品进行了精心挑选，结集成《临沂城韵》。无论是书圣故里的静穆、沂河两岸的流光溢彩，还是沂河大桥的跨越、老街区的烟火气，每一幅作品都是我对城市建设的敬意和赞美，让“身在庐山”的人也可识得庐山真面目。翻开这本画册，我们在感受时代变迁的同时，更加感慨临沂人民以弘扬沂蒙精神为动力，满怀冲天干劲接续奋斗建设美好家园的精神状态，成就了临沂这座滨河生态水城“河在城中流，城在岸边立，人在画中游”的诗情画意。

光和影的捕捉定格，为临沂城市建设留下了珍贵的影像。它像一台城市生活留声机，述说着这座城市的似水流年。光阴流淌，让我们回望城市的过去，又不断从现实出发，迈向更加辉煌的未来。

付迎东

2024年3月17日

前　言

曲水流觞，厚积了千年收藏；远山流岚，勾画着锦绣城池。沂河两岸，白云升岫，墨染青峰，绿染秀水，一幅滨水生态、和谐宜居的美丽临沂画卷徐徐展开。

改革开放以来，沂蒙老区这片红色的热土焕发出了勃勃生机，“以河为轴、北扩东进、一河六片、组团发展”开启了日新月异的发展篇章，形成了“六河贯通、八水绕城”的水城景观。沂河综合治理工程获“中国人居环境范例奖”，临沂市先后获得全国文明城市、国家园林城市、中国旅游城市、国家环保模范城市、中国书法名城等一系列国家级荣誉称号。

如今，新时代的大幕已经开启，临沂全力打造宜居宜业宜游、现代化生态化特色化区域中心城市，正在由“一河为轴”逐步迈向“两河时代”。按照打造 300 万人区域性特大中心城市目标，坚持高起点规划、高标准建设中心城区基础设施。2013 年以来，每年都安排一大批中心城区基础设施及重点项目建设，城市综合承载能力在不断增强。城市道路大整治，实施道路拓宽改造、交通拥堵路段治理、打通断头路、畅通微循环，城市快速路网体系初步构筑，中心城区立体交通体系已见雏形，道路长度达到近 5000 公里。污水处理跨越式发展，全市已建成城市污水处理厂 30 座，处理规模 129.8 万吨 / 日，全部达到一级 A 排放标准。城市照明点亮夜景，全市安装路灯的道路长度达 4000 余公里。中心城区市级管理功能照明 8.8 万余盏，楼宇亮化 334 栋、跨河景观亮化桥梁 20 余座，亮灯率常年保持在 99% 以上。临沂商城以“数字商城”建设为总抓手，通过优化顶层设计、推广新明辉模式、打造产业集群、集聚要素保障，推动平台经济发展，逐步形成千亿产业园区、千亿结算中心、双创示范中心、智慧商贸物流中心、人才孵化中心和区域供应链金融服务中心。

鲁南古城秀 , 琅琊名士多。墨香书韵，孕育出了古老的琅琊文化；文韬武略，使得这方土地崇知尚礼，贤德辈出。付迎东先生集 30 余年之力，致力于挖掘临沂城的独特魅力，以高超的摄影艺术视角展示了临沂的嬗变与开新，让人耳目一新，由衷赞叹。

临沂这个被山水与人文浸润的美丽地方，穿越千年的时光，将古老文明与现代时尚融为一体。这个充满着无限动力、活力与魅力的开放城市，正用她厚重的文化底蕴和破浪前行的创新精神书写着无与伦比的锦绣华章！

我的青春就在
这本书里
这里有我
走过的路
和未来将要
走的路……

目 录

建置沿革

HISTORY OF THE CITY'S ESTABLISHMENT

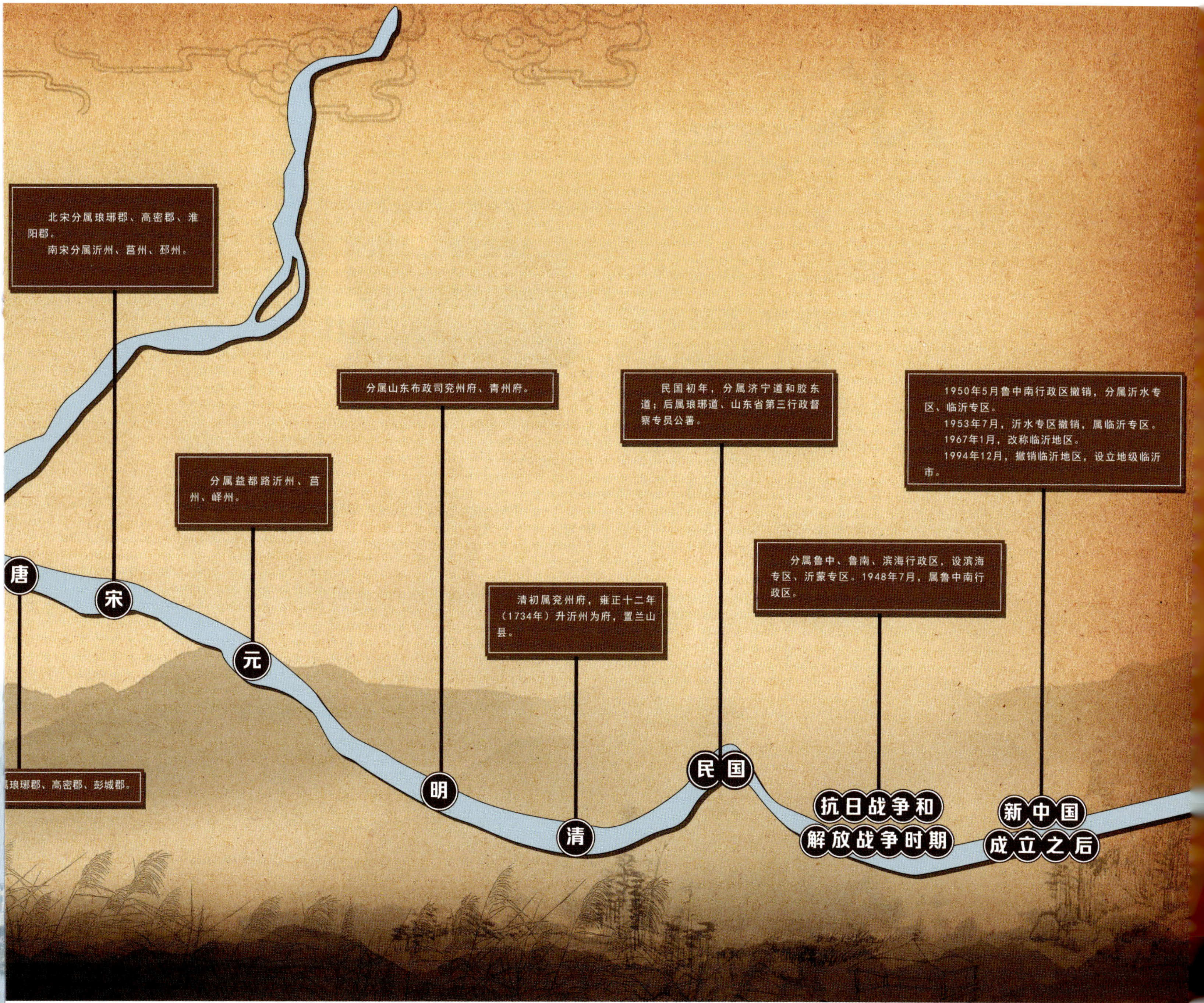
北宋分属琅琊郡、高密郡、淮阳郡。
南宋分属沂州、莒州、邳州。
分属益都路沂州、莒州、峄州。
分属山东布政司兖州府、青州府。
清初属兖州府，雍正十二年（1734年）升沂州为府，置兰山县。
民国初年，分属济宁道和胶东道；后属琅琊道、山东省第三行政督察专员公署。
分属鲁中、鲁南、滨海行政区，设滨海专区、沂蒙专区。1948年7月，属鲁中南行政区。
1950年5月鲁中南行政区撤销，分属沂水专区、临沂专区。
1953年7月，沂水专区撤销，属临沂专区。
1967年1月，改称临沂地区。
1994年12月，撤销临沂地区，设立地级临沂市。
唐
属琅琊郡、高密郡、彭城郡。
宋
元
明
清
民国
抗日战争和解放战争时期
新中国成立之后

沂 河

马逐芳春草路芊，胜游应说到沂川。

和风软泛桃花浪，暖气轻浮丽日天。

俗虑尽随流水去，襟怀都向碧波湔。

追思点瑟当年事，吟咏归来兴浩然。

这是明代诗人任文献游览沂河时所写的七律《沂水春波》。沂河，又名沂水，是淮河流域泗沂沭水系中较大的河流。沂河源出沂源田庄水库，流经淄博沂源、临沂沂水、临沂沂南、临沂市区、临沂兰陵、临沂郯城，至江苏省邳州入新沂河，抵燕尾港入黄海。全长574公里，流域面积17325平方公里，集水面积4892平方公里，河面最宽达1540米。

临沂因水而生，因沂水而名。沂河是临沂的母亲河，哺养了临沂这座有着2500多年历史的古城。从沂蒙山区纵贯临沂南部平原，河水环山绕崮，款款南行，两岸芳草鲜美，绿树成荫，呈现出碧水青山、天光云影、林果葱郁、稻花飘香的旖旎风光。

2003年，临沂确立了“以河为轴、两岸开发”的生态水城建设总体思路。城区段北起汶泗公路汤头桥和北外环，南至刘家道口水利枢纽，总面积57平方公里，其中建设绿地面积18平方公里、水面36平方公里，是集“水、岸、滩、堤、路、景”于一体，具有防洪、交通、景观、休闲、娱乐、文化、旅游等多功能的生态景区、文化景区、旅游景区。

如今，以河为轴两岸发展的城市框架，八河绕城、河河相通的大水网格局基本形成，让临沂这座北方都市在大气豪迈中平添一份别样的温润与灵秀。16座闸坝节节拦蓄，蜿蜒的沂河静流如歌，形成了一坝一风景、一闸一景观的串珠型湖泊景观。沂河环境综合治理工程获评“中国人居环境范例奖”，沂河湿地被命名为“国家城市湿地公园”。

沂河晨曦

渔舟唱晚

滩涂旧貌（组图）

云影碧波行叶舟　无际秀水一湖秋　两岸胜景观不尽　华灯初上多彩楼

● 沂蒙精神广场景观

凤凰广场

小埠东橡胶坝景观

沂河宾馆旧貌

激情沂河

风帆广场

刘家道口枢纽工程

涑 河

苍苍微曙霭高台，几树桃花昨夜开。

疏柳啼莺三月届，断云迷雁九天来。

千门辟尽晨钟散，百役奔初晓漏催。

此际登临观下境，满城春色拥蓬莱。

这是明代诗人舒祥描写的琅琊八景之一的涑河美景《平野晓霁》。涑河是明代嘉靖年间为引涑水入济护城河、解决临沂城老百姓的饮水问题而开凿的一条人工河道，是临沂城区八大河流之中唯一东西流向、横贯城区的河流。河面宽约 70—100 米，全长 60 公里，流域面积 297 平方公里，属季节性河道。涑河两岸整治前用地布局混乱，工业、市场、居住混杂，部分河段两岸垃圾成堆、污水横流，经营和居住环境较差。

2006 年，临沂市委、市政府决定整治涑河。综合治理范围东起涑河入沂河河口，西至京沪高速公路，河道治理长度 12 公里，修建改建 19 座桥梁。由临沂市政集团有限公司等施工单位负责工程建设，按照规划设计，根据涑河不同区段的功能特点和自然文化资源状况，整个开发建设工程分为东、中、西 3 个区段。东段为古城商业区，中段为现代商业区，西段为生态休闲区。

涑河综合治理开发充分利用区域地带的自然条件和景观资源，建设贯穿市区长达 12 公里的“城市绿色长廊”，形成了一条特色鲜明、功能齐全的沿河现代商业带，使涑河两岸成为“水上商业走廊”和新的极具临沂特色的“清明上河图”，真正达到了“蓄一河清泉水，建一条经济带，成一道风景线”的效果。

涑河旧貌（组图）

● 涞河景观

沭河夜色

● 涑河东段景观

● 涑河西段景观（组图）

● 陷泥河各段景观（组图）

陷泥河

陷泥河，因隋唐英雄罗成马陷于此而得名。该河是临沂市的一条城市内河，原发源于兰山区大岭镇南沙埠庄，现发源于兰山区琅琊王路上游、涑河 9 号坝南侧蓄水闸处，流经兰山、罗庄两区，穿邳苍分洪道入郯城武河，全长约 28.5 公里，流域面积 193.2 平方公里，是临沂城区的主要排水通道，承担着西部城区 2/3 的排水任务。

2009 年，按照市政府统一规划，在对陷泥河河道污染整治的基础上，兼顾周边居民生活需求和区域地块发展，实现水生态、水景观、水旅游与片区开发相结合，修复河道生态环境，提升滨水景观品质，增强河道生态功能、景观功能、文化功能等设施。

通过综合整治，陷泥河及沿岸被打造成自然、优美、人性化的亲水环境，使滨河公共空间景观功能与周边用地的发展有机结合，形成了融合居住、金融、商务、文化休闲、商业服务和高新产业等多种城市功能于一体的复合型地区，大大改善了临沂城区的市容市貌、生态环境和人居环境，成为西南部城区市民休闲娱乐的又一场所和一道亮丽的城市滨河风景线。

陷泥河整治前旧貌（组图）

鸟瞰陷泥河景观

公园绿化景观

● 广场绿化景观

● 滩涂绿化景观

绿韵临沂

山之韵，在巍峨刚强；水之韵，在情深意长；绿之韵，在于让人民生活更美好。临沂市城管局园林环卫保障服务中心通过近几年来的不懈努力，先后完成沂河、祊河、涑河、陷泥河、柳青河等沿河带状公园建设。依托沂河、祊河、涑河城区段，建设了滨河景区，总面积 70 多平方公里，其中水域面积 48.5 平方公里，绿地面积 20 多平方公里，景观道路 160 公里，蓄水量达 1.62 亿立方米。建成了 7 座橡胶坝、8 座拦河水闸、9 大广场、18 片园区和 36 处景点，集“水岸滩堤路景”于一体，形成了“一河清水、两岸秀色、三季有花、四季常青”的优美景观，城市生态廊道达标率为 100%。

同时，临沂市积极落实“水十条”，打好碧水保卫战，开展饮用水源地保护工作，加大河流水质监管力度。全力拓展城市绿化空间，以滨河景区、主题公园、城市绿地和口袋公园为基点，系统推进城市绿化空间建设，做足绿量、增花添彩，提高城市绿化、美化水平，建成区蓝绿空间占比 43.13%。

截至目前，临沂建成区城市绿地率和绿化覆盖率分别达到 40.91% 和 43.77%，人均公园绿地面积 12.13 平方米，公园绿地服务半径覆盖率达 87.85%，万人拥有综合性公园指标数为 1.9 个。与此同时，临沂高度重视防灾避险绿地的建设，不断完善公园绿地防灾避险功能，城区设置了中心避灾绿地 7 处，固定避灾绿地 29 处，紧急避灾绿地 48 处，避险场所水、电、标识等各项设施俱全，防灾避险绿地设施达标率 100%。

城因人聚而兴，人因城美而荣。随着临沂市园林城市建设的深入推进，“点、线、面，均、多、精”的公园绿地系统不断完善，一个大水面、大绿化的滨水生态园林城市正在逐步形成。

五洲湖景观

● 庭院绿化

● 小区绿化

● 双月湖公园

● 莲花湖景观

● 皇山公园

● 三河口景观

小区绿化

绿化共享“微”空间

沿河绿化景观

● 古银杏群落——生生园

● 道路绿化

● 口袋公园

● 绿染沂河两岸（组图）

光之韵

夜色里，大美临沂霓裳般的灯火，

如彩虹，似丹青，宛如梦幻般璀璨绚烂。

临河两岸，华灯玉带，辉映夜空，似与群星竞相闪耀。

霓虹灯闪烁七彩，点缀五彩缤纷的街道夜晚。

路灯如炬，一路相伴，照亮行人夜归的路程。

滨河两岸的灯带，如流动的明珠项链，

灯光映照着波光粼粼的河面，

幢幢大厦，波光中轮廓倒影，在夜幕下若隐若现，

三河交汇岸畔高耸的电视高塔，夜幕里七彩迷幻，

似夜航船中指路的灯标，

佑护着临城美丽夜色的安详与陪伴。

让我们手牵光海的绚烂，共同迎接中华盛世的曙光巨焰！

在新时代的脉动里，感受大美临沂在光之韵的美景中闪耀的青春璀璨！

城市亮化

点亮温馨夜景，照“靓”城市之美。临沂城区段安装路灯的道路长度达 4000 余公里。中心城区市级管理功能照明 8.8 万余盏，楼宇亮化 336 栋、跨河景观亮化桥梁 20 余座。

近年来，临沂市根据中心城区景观照明总体规划，大力推进城市照明新建和景观亮化提升工程，按照“一轴、十线、十四区、六十节点”的照明架构，先后完成城区主要广场、桥梁、岛屿及滨河沿线等楼宇亮化的新建、改造工作，打造了以北京路为中心的行政亮化线，通过以灯作笔、以光为墨、以水天为幕的亮化手法，形成了区域联动、特色鲜明的城区亮化夜景带。同时，研发城市智慧照明管理平台，实现对所有照明设施的实时监测和远程控制，推动照明管理进入智能化时代，亮灯率常年保持在 99% 以上。临沂这座城市，每当夜晚来临的时候，华灯齐放，璀璨闪耀，不论站在哪一个地方，你都能感受到这座城市的迷人夜景。

人民广场夜之韵

• 流光溢彩夜色美（组图）

WELCOME

彩虹闪烁景色连　火树银花不夜天（组图）

临沂的夜经济犹如夜空中璀璨的星辰，照亮了城市的每个角落，点燃了城市的烟火气，迸发出无限活力。

万里澄空散绮霞，落日熔金染琅琊。

沂河镜波长天色，银桥霓虹映云塔。

广厦如林耸星汉，蓝海阆苑嘉年华。

两岸蜃楼七彩绘，大美临沂是吾家。

路之韵

灯火璀璨，夜幕降临，

大美临沂城的夜晚熠熠生辉。

高架立交，街头巷尾，

车如游龙，与河竞美。

纵贯东西南北的高架快速路，似银色飞龙，

在灯光里，蜿蜒穿梭，高悬夜空。

犹如一条五彩缤纷的丝绸之带，

高架立交与各条大道紧密缠绕，环环相扣。

行车高架上，车龙如长河，远离尘嚣喧闹，

车窗外，俯瞰城市夜景，壮观如海市蜃楼。

高厦连星际，灯火闪霓虹。

繁华的商业街夜市接踵，人潮如织，

喧闹的涑河畔，波映彩炫，游船如龙。

大美临沂的城市交通，

如同一幅动态的画卷，

记录着城市的进步与发展。

它诉说着时光的故事，

见证着城市的过去与今天，

人们的奋斗与希望。

让我们怀揣梦想，

感受这座城市之路不一样的风光，

在行车的韵律里，

领略大美临沂白昼与夜幕下，

惊艳别致的风采与四季变换的风光。

让城市“血脉”更畅通

道路是一个城市的“血脉”，是城市发展的基础，完善城市交通路网体系对提升城市综合承载能力，方便市民出行具有重要意义。

近年来，临沂市委、市政府不断加大中心城区基础设施建设投资力度，在城市建设方面持续发力，对外强健“主动脉”，搭建城市发展的骨骼，对内强化“微循环”，疏通城市发展的毛细血管，以大格局、大视野、大气魄，提升环境、完善配套、发展交通、优化空间，打通断头路、改造快速路、建设高架桥，城市框架不断拉开，城市能级量级进一步提升。

按照“三环十五射”城区骨架路网规划，本着“先环后射、分期实施、系统建设”的建设思路，加快推进骨架路网和快速路改造工程建设，初步构建了“环线 + 射线”形态的路网交通体系，畅通了城市内外联系，拉开了城市发展框架。

环线道路建设方面，建成了全省地级城市中第一条高架快速路——内环西线（蒙山高架路），实施了内环北线（南京路东段）建设、内环东线（温泉路）改造，实现了内环线贯通；实施了中环东线（联邦路）、中环北线（长春路）工程和中环南线（罗程路）改造工程，实现中环线贯通；实施了新东外环、新西外环建设工程、南外环路改造、南外环西延工程，实现“三环”全部贯通。

一条路畅通一座城。先后实施了北京东路改造、蒙山高架北延、沂河路西延、沂蒙南路、双岭高架路与京沪高速义堂出入口快速连接道、陶然路快速化改造等射线道路工程以及西安路西段、澳门路南段、临西十一路、临西九路、金雀山路西段、大山路改造、通达南路取直等工程。

现代化综合交通体系正加速推进。临沂正在建设“三网两圈两枢纽”以及“来”字形综合通道。铁路建成“一纵一横”客运专线网，逐步构建“米”字形高铁客运网，基本实现高铁“135 交通圈”；公路逐步构建“五纵五横”高速公路网。

以人为本，让城市更有温度。如今的临沂，城市功能日臻完备，市民生活环境持续改善，幸福指数不断攀升……一处处热火朝天、生机盎然的景象，正浓墨重彩地描绘着最新最美的变化，酣畅淋漓地记录着全市飞速前进的铿锵步伐，让这座城市拥有更快的节奏、更高的效率、更好的生活。

● 北京路

蒙山大道

三河口隧道

双岭路景观

滨河路景观

临沂机场

沂州立交桥

● 蒙山大道与北园路路口旧貌

● 解放路东段旧貌

● 蒙山大道与北园路交汇处

雨天，工作人员通过龙吸水强排泵车对路面低洼区域雨积水路段进行抽水强排，尽快排除路面积水，保障路面畅通。

目前，临沂建成区保洁道路达 494 条（段）、保洁总面积 6352 万平方米，建成公共厕所 1041 座、垃圾收集站 228 座、大型中转站 1 座，配备环卫作业车辆机械约 500 台，环卫管理人员和一线环卫工人达 7000 余人。城市主次干道机械清扫率 90% 以上，深度保洁率 80% 以上，生活垃圾无害化处理率 100%，建筑垃圾综合利用率达到 70% 以上。

桥之韵

河似玉带，桥如金环。

一架架飞跨在沂河、祊河、柳青河上

争奇斗艳、雄伟壮观的通天大桥，

是演奏美丽沂城壮美乐章的七彩琴弦。

北京东路，连接沂河两岸高耸的桥塔，

犹如伟岸的巨人伫立天际，

承载着临沂人对美好生活的向往，

见证着这座现代化城市的繁荣与沧桑。

架架桥上，人群熙攘，车水马龙，朝阳夕霞，目送归鸿。

桥上车行如水，如波如流；

桥下浪花急湍，浩浩荡荡，

似与城市的激情相映。

夜幕观桥，成为大美临沂最独具的城市美景，

霓裳迷幻，丹青迷离，彩楼闪耀，山水竞秀，

仿佛误入蓬莱仙阁的海市蜃楼。

立交纵横交错，毗连新区老城，如网如梭，经纬贯通，

将城市织成美轮美奂的锦绣通衢，

贯连着城市的每个角落，链接着未来的希望和憧憬。

驾车在高架上飞驰，犹如雄鹰在蓝天展翅翱翔。

时代的脉搏在这里跳动，发展的道路在这里鹏骋。

桥之韵，见证着琅琊古城的历史沧桑变迁与崛起；

桥之力，铸就了新时代走向辉煌未来的大美新临沂。

自豪的临沂人，让我们怀抱着信心和勇气，

在跨越人生的道道桥梁上，逐梦前行，矢志不移，

实现自我奋斗的目标和壮旅！

城市桥梁

临沂中心城区市级直管的桥梁有解放路沂河大桥、北京路沂河大桥、南京路沂河大桥、刘家道口沂河桥、蒙山大道祊河桥、沂蒙路涑河桥等 153 座桥梁，长度 85.9 公里，面积达 154.6 万平方米。其中包括跨沂河 9 座、跨祊河 6 座、跨涑河 16 座、跨柳青河 16 座、跨李公河 2 座等大型桥梁，以及过街通道、下穿及跨路桥梁、涵洞。

跨沂河的桥梁：长春路跨沂河桥、南京路跨沂河桥、北京路跨沂河桥、解放路跨沂河桥、金雀山路跨沂河桥、陶然路跨沂河桥、光耀大桥、临工大桥、刘家道口沂河桥等大型桥梁。

沂河老桥亦称“东洋桥”（解放路沂河桥），《续修临沂县志》载：“城东关外沂河桥前系木板，民国二十三年春，中央筑台潍汽车路，改建石桥，工程颇大，宽一丈，长四里半强，通水仅六十余孔。国库发十五万元，地方募捐三万元。二十三年春，范县长筑先督造，凡十阅月工竣，行人便之。惟中间码头过低，水涨易漫桥，无活板不能通舟，两边栏杆未备，行人诸多危险，亦工程师计划未周之咎也。”1994 年沂河洪水，沂河老桥垮塌为驿外断桥，不久便被拆除，从此完全消失，成为记忆。解放路沂河桥原名九曲沂河桥，于 2001 年 3 月启动重修，2002 年 10

蒙山大道祊河桥，由临沂市政集团承建，于 2006 年 8 月 6 日开工，2007 年 8 月 5 日竣工。获“中国市政金杯示范工程”奖、“山东省优质结构工程”奖、“山东省绿色工地示范工程”奖。

月 1 日竣工通车，主桥长 1620 米、宽 18 米，是当时市区第一座跨度最大的桥梁。

在管理中坚持以“保通畅、保安全”为目标，全面建立“一桥一档”管理体系，根据桥梁不同的结构造型分类制定精细化养护方案，科学实施大修工程。同时依托信息化手段建立桥梁定期检测制度，推广安装桥梁实时健康监测系统，实现对桥梁的全程动态监管，在保障安全运行的基础上提升舒适性、美观性。

临沂，这座充满魅力和发展活力的城市，正是靠一条条道路、一座座桥梁搭起四通八达的路网，也搭起了它的现代化之路。

八百里沂蒙山，巍然屹立
五千年沂河水，奔流不息
无论是大桥，还是“火线桥”
都是千万沂蒙儿女
在“沂蒙精神”指引下
无私奉献、艰苦奋斗
换来的喜人成果
相信未来
临沂的桥梁越建越美
引领临沂人民奔向幸福的彼岸
衷心祝愿
“大美新”临沂越来越好！

武汉路祊河桥，由临沂市政集团承建，于 2020 年 2 月 10 日开工，2021 年 6 月 27 日竣工。获“省优质结构”“市安全文明工地”奖。

沂蒙路祊河桥，由临沂市政集团承建，于 2004 年 9 月 15 日开工，2005 年 10 月 1 日竣工。获“中国市政金杯示范工程”奖。

通达路祊河桥，由临沂市政集团承建，于 2021 年 9 月 1 日开工，2023 年 1 月 1 日竣工。

南京路沂河桥，于 2014 年 10 月开工，2016 年 9 月 29 日竣工。（组图）

奋进新时代，

解放路沂河桥

● 原解放路沂河桥

● 早年间金雀山路沂河桥进城运输的马车

解放路沂河桥，由临沂市政集团承建，于 2001 年 3 月 6 日开工，2002 年 10 月 1 日竣工。获“中国市政金杯示范工程”奖、“山东省市政金杯示范工程”奖、山东省建筑工程质量“泰山杯”奖、临沂市建筑工程质量“沂蒙杯”奖、“新中国成立 60 周年 60 项山东省精品建设工程”奖。

● 临工沂河大桥（组图）

● 临工沂河大桥，由临沂市政集团承建，于 2011 年 3 月 17 日开工，2014 年 12 月 27 日竣工。获“山东省市政金杯示范工程”奖、临沂市建筑工程质量“沂蒙杯”奖、山东省建筑工程质量“泰山杯”奖。

● 原北京路沂河大桥

● 北京路沂河大桥，于 1994 年 1 月建成，先后经历 2017 年和 2020 年的提升改造，2022 年 7 月 1 日，北京路沂河桥及两岸立交改造工程全线通车。

● 北京路沂河大桥

民之韵

大美临沂，中国文明、卫生双优名城。
历届市委市政府的城市为民工程里，
都融入了为百姓创造美好生活的憧憬。
供水工程，灌溉八百沂蒙土地的渴望，
让每个家庭都享受清澈的水流。

污水治理处理工程，净化大地的肺叶，
将污染转化成清新的空气与溪流。
打造五河湿地，滨河湿地等生态环境，
为大美临沂的蓝天绿水，创造可持续发展、
造福子孙的百年伟梦。
“气化临沂”工程，点燃着人们的现代化生活进程，
为每个家庭带来温暖与清洁。

城市为民，为民城市，
是执政者建设美好家园的理想之梦。

临沂市委市政府倾注心血和智慧，
精心设计的工程轮廓，让我们看到宏伟的蓝图，
感受到城市的变迁与发展的步履。

这些工程不仅是基础设施的建设，
更是对人民安居乐业的关怀。
在每一个项目背后，都蕴藏着无数人的辛勤努力，
是勤劳勇敢、无私奉献的沂蒙人，
用辛勤和汗水，铺就美好未来的道路。

民之韵，是城市的脉动与温度，
记录着临沂在改革开放中每一步的发展和进步。
让我们共同见证临沂的奇迹，
在文明之城、宜居之城的氛围中，
让临沂这座有着悠久历史的文化名城，
在新世纪实现强国梦的伟大复兴中，
再续历史辉煌，享誉四海五洲。

气化临沂

自 2009 年以来，临沂市深入推进实施“气化临沂”战略，于 2013 年实现燃气管网“镇镇通”。截至 2023 年底，全市燃气企业（站点）达到 207 家，其中，管道燃气经营企业 24 家，各类天然气加气站 31 座，液化石油气站 152 座，全市天然气居民、商业、工业用户分别达到 170.9 万户、6395 家、6944 家，城镇燃气中压以上管网建设里程达到 8391 公里，2023 年全市天然气供应总量达到 20.78 亿立方米，液化石油气消费量达到 8 万余吨，居全省第 2 位。

临沂供水工程

临沂市水务集团有限公司第一净水厂位于兰山区半城镇，于 2010 年 9 月建设投产运营。设计净水能力 30 万吨 / 日，用水人口 300 多万人。水厂主要构筑物包括平流沉淀池、V 型滤池、加药中心、清水池、高低压配电间、中心控制室等，采用“原水加矾一折板反应一平流沉淀一汽水反冲均质滤料过滤一滤后加二氧化氯消毒一组合清水池”工艺。水厂工艺科学、设备先进，V 型滤池为法国得利满技术，关键设备全部由国外进口，加矾、加氯、滤池反冲洗全部采用自动化控制并可实现中控。水厂中心控制室配置两台主控计算机，一套工艺模拟屏和闭路电视监控系统，对水厂运行全过程进行监测、控制、调度管理。

第一净水厂水源地为山东省第二大水库——蒙阴岸堤水库，水源水自岸堤水库经蒙阴、沂南、兰山三个县区、五个乡镇到达水厂。引水工程总长度 49.15 公里 , 引水管线为二条内径 1.6 米的管道并行，以重力流方式到达半程水厂；经水厂各工艺处理后，再通过重力加压进入千家万户。

为保障出厂水的水质，水厂配备了先进的检测设备，实现了浑浊度（包括原水浊度、沉淀水浊度和出厂水浊度）、余二氧化氯、PH 值（酸碱度）24 小时在线监测，出厂水 106 项检测指标完全符合国家饮用水卫生标准。

临沂污水处理

临沂首创水务有限公司成立于 2006 年 6 月 16 日，位于临沂市兰山区清河南路 802 号，占地约 150 亩，主要职能是处理兰山区城区的生活污水和工业废水。

公司所属的临沂市污水处理厂工程是国家淮河流域水污染防治重点工程和市政府民生工程。该工程设计总规模 15 万吨 / 日，其中一期工程 10 万吨 / 日，于 2002 年 10 月投入运行，二期扩建工程于 2007 年 1 月投入运行。处理后的出水达到一级 A 标准，并用于陷泥河景观用水、市政用水及工业企业生产用水。脱水污泥进行焚烧处置，达到节能减排和促进循环经济的目的。

公司以“共建清洁、美丽、繁荣的幸福家园”为使命，先后在兰山区、罗庄区、河东区、沂南县、兰陵县、郯城县、临沭县、费县共 8 个县区签订了污水处理项目 25 个，相继成立 10 个所属项目公司，设计总规模达 100 万吨 / 日，成为鲁南地区最大的区域性污水处理专业公司。为促进临沂市城市建设与发展发挥了重要作用，创造了良好的环境效益和社会效益。

临沂垃圾焚烧热电

中节能（临沂）环保能源有限公司位于临沂市兰山区大山路西段，占地面积 272 亩；建设规模为 2×75t/h 循环流化床垃圾焚烧锅炉，配 1×24MW 汽轮发电机组及辅助设施，日处理生活垃圾 800 余吨。主要工艺流程由垃圾储存和输送系统、垃圾焚烧系统、烟气净化系统及灰渣输送系统、热力系统、电力及自动控制系统等组成，其中烟气净化系统采用国内先进的半干法脱硫除尘技术，自动控制系统采用国际先进的集散控制（DCS）系统。

该项目投产运行后有效实现了临沂城市生活垃圾的减量化、无害化、资源化处理，对提高城市功能、促进环境保护、建设绿色临沂产生了积极的推动作用。

目前，临沂市建设运行生活垃圾焚烧处理项目 11 座，实现全市域生活垃圾全焚烧处理，生活垃圾 100% 无害化焚烧处理，处于全省前列。

商之韵

沂蒙毓秀，大美临沂。

琅琊故郡，五圣故里。

商贸名城，物流之都，

沂水汤汤，农丰商融。

诚招三江客，笑迎四海朋。

商贾汇南北，物流通九州。

物流之都名诲外，江南江北万博城。

八省通衢集商贾，车如流水马如龙。

物流新苑展新貌，欧亚路桥连亚欧。

苏鲁豫皖聚宝地，商城纵横贯海京。

沂蒙风光美如画，沂蒙小调红沂蒙。

书圣翰墨韵九疆，八方来宾共举笙。

沂州古城万商汇，物流之都壮国风。

临沂商城

临沂商城从 1981 年西郊摆地摊起步，经过 40 多年的培育发展，历经“地摊式农贸市场—西郊大棚底—专业批发市场—现代商贸物流城—临沂商城国际化”五个阶段，现有专业批发市场 123 处，物流园区 38 个，电商园区 38 处，电商和信息平台 40 个，海外商城、海外仓 14 个，会展场馆 20 万平方米，已成为中国规模最大的市场集群、重要的物流周转中心和商贸批发中心，被评为中国“市场名城”“中国物流之都”。

近年来，临沂市委、市政府认真贯彻落实习近平总书记视察临沂指示精神，抢抓重大政策机遇，坚持“商、仓、流、园”一体化发展，加快推进数字商城、国际商城、绿色商城、链式商城建设，不断实现商城高质量发展。

2023 年，临沂商城实现市场交易额 6126 亿元，物流总额 9334 亿元，邮政快递 19.4 亿件，居全省第一，成为国家首批综合货运枢纽补链强链城市。

商贸通五洲，大美新临沂。从传统的大棚底初级市场，到现在融入“一带一路”的第五代国际化商城，临沂商城经过坚持不懈的发展和不断的升级换代，正以崭新的姿态拥抱新时代。

繁忙的物流市场

智能化分拣

● 电商直播

● 原西郊大棚底

● 灯具市场（组图）

小商品市场

现代商贸物流

● 临沂现代物流城

● 外商在展会上了解信息（组图）

临沂商城国际会展中心

临沂国际博览中心

临沂国际会展中心

文之韵

琅琊古郡，沂州新府。

南衔吴越，北融齐鲁。

历史星空群贤璀璨，

当代群芳东风竞舞。

书圣羲之，中华书翰圭臬；

亚圣真卿，庙堂气贯长虹。

智圣诸葛亮雄文千古《出师表》，

荀圣稷下学宫百家争鸣誉春秋。

书之道，魏晋风骨铭中华；

文之韵，银雀竹简誉九州。

琅琊千载秀，文化名城扬四海；

书圣望族雄，侪辈丹青播沂州。

翰墨千秋史，洗砚池畔遗胜迹；

羲献竞风流，晒书台阁越时空。

书法广场，历代帝王，

文相武将，书翰丹青，

任与当代书迹浏览评良莠。

羲之故居，三圣祠堂，

流觞亭圃，千载风烟，

供与书苑荷香凭吊觅遗宗。

悠悠古韵，在秦汉竹简中流淌；

绵绵文脉，在魏晋法帖里浸承。

那历经风霜，每一笔依稀可辨的简牍，都是视通万里情感的呼唤；

那饱受荼火，每一行历经沧桑的书帖，都是思接千载灵魂的托嘱。

书之韵，是琅琊故郡永恒的记忆，

记录着岁月长河的浩荡与中华智慧的奔腾……

文之韵，是大美临沂青春的象征，

流淌着历史贤哲的文脉与盛世中华的光明！

书道千载，让我们挥天地之如椽巨笔，抒写大美时代的璀璨人生！

文韵千秋，让我们铺日月之天章云锦，谱写大美中国的盛世之梦！

王羲之故居

王羲之故居位于临沂市兰山区洗砚池街 20 号，占地面积 80 余亩，是一座古典园林式建筑，为全国重点文物保护单位、山东省重点文物保护单位、国家 AAA 级旅游景区。

王羲之（公元 303—361 年），字逸少，琅琊临沂（今山东临沂市）人。创造了妍美流便的今体，被誉为“书圣”。他的作品以行书《兰亭序》、楷书《黄庭经》、《乐毅论》以及草书《十七帖》等最为有名。

王羲之故居始建于晋代琅琊郡境内（今山东临沂市兰山区），是书圣王羲之出生并生活过的地方，内有洗砚池、普照寺、集柳碑、晒书台、王右军祠、左公祠、四宝台、五贤祠、翰墨苑、琅琊书院等历史古迹。王羲之故居中的“普照夕阳”曾经作为古代“琅琊八景”之首名扬九州。1989 年临沂市政府对其修缮，1990 年正式对外开放，2003 年完成拓建， 现作为中国十大文化节之一的书圣文化节永久承办地名扬海内外。

● 王羲之故居（组图）

曲水流觞

《兰亭序》碑刻

洗砚池碑廊

● 1938 年洗砚池原貌（资料） ● 王羲之故居改造前旧貌

● 洗砚池

临沂书法广场

书法广场位于滨河大道与双岭路交汇处，总占地面积 27 万平方米。临沂历代书法名家辈出，书法遗存丰富，是书圣王羲之、唐代大书法家颜真卿的故里。2008 年中国书法家协会授予临沂市“中国书法名城”荣誉称号，同年 9 月，书法广场开工建设，2009 年 9 月建成，2010 年书法广场被评为“齐鲁十大文化特色新地标”。

书法广场刻制了 1080 位书法家的 1320 幅作品，共计十万余字，作品包括甲骨文、金文、篆书、楷书、行书、草书等诸多字体，全面展示了中国文字演变史和中国书法文化发展史。主体展示区总面积 96000 平方米，以精品园、文化墙、自然石为载体，分为历代帝王和古代书法名家名作展示区、近现代书法家作品展示区、当代书法家作品展示区和

港澳台书法家作品展示区。书法作品展示以石材刻制为主，采用立碑、卧碑、方块石、自然石组合等形式，集书法艺术、雕刻技艺、园艺造型于一体。

书法广场的建设将古典园林造景与现代水文化、书法艺术相融合，辅以丰富的植被、人物雕塑、景观亭、园林小品等景观，使游人在游览中既能享受到生态园林的建设成果，又能感受中国书法的艺术魅力。

书法广场以乡土树种为主，配置了国槐、白蜡、黑松、皂角等大乔木，紫薇、樱花、红枫等花灌木，荷花、水葱、菖蒲等水生植物。广场东侧建设有占地面积14000余平方米、300余品种的月季专类园。

“书韵悠悠，文脉汤汤，书圣故里，翰墨飘香”，漫步书法广场，可饱览滨河大美风光，领略千年书法之美。

书法广场景观

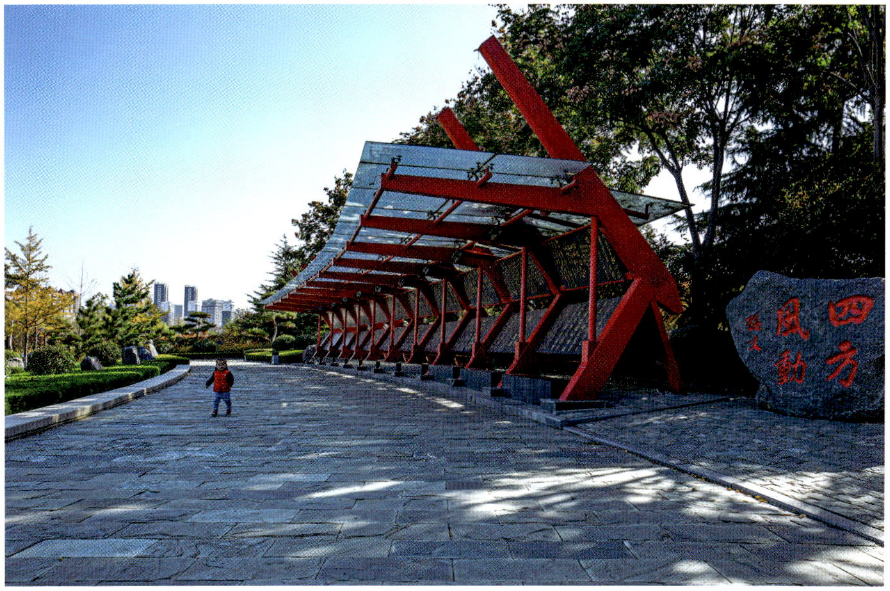

红色书法长廊

卧碑

书法刻石

印章山

工人在描碑

书法广场鸟瞰图

NCC

临沂人民广场

临沂人民广场位于市中心，东临沂蒙路，西至新华路，南依银雀山路，北靠红旗路，八一路自广场下通道贯穿连接解放路，占地面积 21.6 公顷。人民广场于 2000 年 2 月 16 日开工建设，2001 年 1 月 8 日建成开放。

人民广场作为“城市客厅”，是一个功能多样、文化内涵丰富、匠心独运的文化休闲场所，人民广场的设计主题是“蒙山沂水，文韬武略”。这一主题凝聚了沂蒙文化的精髓，充分展现了“蒙山沂水”的自然特色和“文韬武略”的历史文化特点；总体布局为“两区一路一城”，即动区、静区、八一路和地下商城。

人民广场东部静区主要设有“山高水长”主体雕塑（也称“市标”）、国旗台、计时花钟及和平鸽楼等环境艺术工程。人民广场西部动区，是人们休闲、观赏、娱乐、集会的场所，设有大型电子屏幕、彩虹喷泉、旱地喷泉、文韬广场、武略广场、沂蒙风情柱、舞台等环境艺术工程。

人民广场已成为临沂市民文化、购物、休闲、娱乐的重要场所，同时可容纳三四万人游憩。2006 年，临沂人民广场被评为全省“十佳文化广场”。

人民广场景观（组图）

人民广场景观（组图）

广场四季美如春，书声琅琅伴琴音。

一曲京韵翁自乐，百首唐诗润童心。

柳拂霜华悦游性，枫燃青春长精神。

蒙山沂水擎火炬，大美临沂日日新。

临沂人民公园

临沂人民公园位于风景秀丽的沂蒙湖西岸，金雀山北麓，银雀山路东段，依山傍河，环境优美，景色宜人。人民公园由金雀山公园（建于 1987 年 7 月）和儿童乐园（建于 1987 年 7 月）于 1999 年合并改建而成，是 1999 年临沂市“十大为民工程”之一。公园总占地面积300亩，为临沂市建设规模较大的综合性公园之一。

2009 年 7 月，按照临沂市委、市政府的统一部署，以“城市自然音乐厅”为主题，本着“生态、节能、环保、和谐”的原则，

在原有水系、植物、区域地形的基础上，人民公园进行了大规模提升改造。2010 年 8 月，改造后的人民公园对外免费开放，还绿于民。

整个公园分为入口区、金雀广场区、滨水活动区、儿童活动区、松林音乐谷区、阳光草坪区、林荫健身区、奇石展示区等八个功能区域，可以最大限度地满足不同年龄段、不同层次、不同品位的各类人群的需求，充分发挥综合性公园的职能。

人民公园最主要的特色就是音乐主题，园内设置有景观墙、音乐符号灯具、音乐家头像地雕、音乐灯柱、五线谱铺装、萨克斯喷水雕塑小品、仕女奏乐浮雕柱等数十处音乐元素，同时全园实现夜间亮化，各色灯光相映成趣，知识性与休闲性相集合，让广大游客在喧闹的城市生活中觅得了一份安谧。

1999 年 2 月 21 日，“沂蒙六姐妹”中健在的杨桂英、冀贞兰、张玉梅、伊淑英和伊廷珍 5 位老人在公园观看临沂市第三届春节大型灯会艺术展。

人民公园景观（组图）

人民公园秋韵

人民公园景观

原金雀山公园北大门

原临沂儿童乐园大门

临沂国际雕塑公园

临沂雕塑公园位于北城新区沂河、祊河、柳青河交汇处，占地 636 亩，于 2013 年 4 月建成对外开放，是一座集世界雕塑、自然景观、园林艺术为一体的综合性文化艺术园区。

该园中有国际知名雕塑作品复制件 110 件，这些作品由来自 25 个国家的 61 位艺术家创作，其原件分别摆放在 45 个国家的 67 个城市。作品包括了波普艺术、构成主义、现实主义等多种艺术流派的经典之作，涵盖了多样化的艺术风格，既有反映玛雅文化、毛利人文化的代表作，也有标志欧美文化、东方文化的精品，体现了国家、民族、地域的特点，且材质丰富、风格迥异，具有很高的艺术水准。

该园区分为主入口广场、和平园区、南林下园区、现代园区、自然园区、情感园区、运动园区、智慧园区、海岸风情园区、东林下园区、植物观赏区等 11 个园区。根据每个园区的主题，摆放不同风格的雕塑作品。其中主入口区的国际雕塑园标志高 28 米，由三根立柱和一个巨大的地球模型组成，三根立柱的表面陶板上微雕了园内 100 座雕塑的图样，寓意园区汇集了世界各地优秀的雕塑作品，融合了各种雕塑艺术流派和艺术风格。

该园区雕塑作品数量多，艺术风格广，艺术水平高，使人充分感受到雕塑艺术的独特魅力，同时又能欣赏到优美的山水园林景观。临沂雕塑园巧妙地将“立体美术”融入山水风光中，自然与人文的和谐统一打造出与众不同的城市公共艺术文化空间。

该园区绿化率高达 95%，其中草坪面积占 40%，乔木 16323 株，灌木 5523 株，地被草花 161 亩，时令草花 15 亩，水生植物 8 亩，古树名木 59 株，桂花 255 株，造型黑松 156 株，物种丰富多样，是广大市民认知绿化植物的科普大课堂，是城市 “绿肺”，同时具有净化空气、减少噪音、美化环境、防灾减灾、维护生态等功能，促进人与自然和谐相处，增加居民生活幸福感。

雕塑公园景观（组图）

①小美人鱼
②花仙子
③人与飞马
④地球
⑤小于廉
⑥华尔街公牛
⑦破碎的地球
⑧铸剑为犁

沂蒙革命纪念馆

沂蒙革命纪念馆是经中共中央办公厅、国务院办公厅批准建设的综合性革命历史纪念馆，于 2012 年 6 月 28 日开工建设，2014 年 4 月 26 日正式对外开放，总建筑面积 2 万平方米。自开馆以来，已累计接待参观群众近 300 万人次，先后获得山东省党史教育基地、山东省关心下一代教育基地、山东省师德涵养基地等荣誉称号。

沂蒙革命纪念馆是临沂市 2013 年“十大民生工程”之一，由中国工程院院士、中国建筑设计大师程泰宁先生主持设计，设计方案外方内圆，建筑形式简洁朴实，体现质朴高尚的沂蒙精神；暗红色基座稳扎大地，代表沂蒙精神的革命根基；两组支座承载建筑上部主体，象征着沂蒙精神对革命胜利果实的重要支撑；中间贯穿上下的红色筒体，寓意着沂蒙精神中流砥柱的强大作用。

沂蒙革命纪念馆作为全国重要的爱国主义教育基地、群众路线教育基地和国防教育基地，以“沂蒙精神”核心思想为陈展主线，馆内设有沂蒙精神展等基本陈列和多个临时展览，通过图片、影视资料、实物、雕塑、场景复原、声光电等多种直观的形式、高科技的手法全面展示了沂蒙革命历史，深刻诠释了新时代沂蒙精神。

沂蒙革命纪念馆鸟瞰图

馆内展厅（组图）

沂蒙革命纪念馆建设前原址

银雀山汉墓竹简博物馆

银雀山汉墓竹简博物馆位于临沂市银雀山兵学文化公园园区东侧，国家 AAA 级旅游景区，是我国第一座以汉墓竹简为主题的遗址类博物馆。1972 年 4 月，在银雀山 1、2 号汉墓出土大量珍贵竹简文物，内容包括《孙子兵法》《孙膑兵法》《六韬》《尉缭子》《晏子》《守法守令十三篇》《汉武帝元光元年历谱》等先秦典籍，其中《孙子兵法》与失传千余年的《孙膑兵法》同时同墓出土，使自唐宋以来关于孙武、孙膑其人其书的论争得以解决，海内外为之轰动。银雀山汉墓先后入选“二十世纪中国百项考古大发现”、中国“百年百大考古发现”，《孙子兵法》竹简入选《国家人文历史》杂志评选的“九大镇国之宝”。

1989 年 10 月，遗址处建成银雀山汉墓竹简博物馆并对外开放。2018 年 7 月临沂市委、市政府启动银雀山兵学文化公园项目规划建设，2021 年 9 月 14 日临沂市银雀山兵学文化公园正式开园。

该园区占地面积 11.9 万平方米，总建筑面积 2.62 万平方米。园区功能分为博物馆展示区、公园休闲区、文化商业街区 3 个部分，银雀山汉墓竹简博物馆新馆开放。主展馆展厅共有“雀鸣天下”“武经冠冕”“兵家遗珍”“汗青墨书”“制胜之道”“鉴物知史”“回望银雀”7 个展厅，陈列展览突出汉墓、竹简、兵法三大主题，主要展示银雀山汉墓遗址与考古成果、《孙子兵法》《孙膑兵法》竹简兵书、简牍文化、中华传统兵学文化以及馆藏精品文物等，该处一园一馆成为临沂市的重要文化地标。

● 馆内展厅（组图）

● 银雀山汉墓竹简博物馆

銀雀山漢墓竹簡博物館

夜色中的兵学文化公园

● 临沂市第十三届全民健身运动会开幕式暨第七届万人健步行

动感水城
魅力临沂

为全面推进全民健身国家战略，讲好临沂体育故事，展示临沂体育发展成果，营造全民健身氛围，近年来，临沂市依托水域资源优势和红色资源优势，大力发展龙舟、皮划艇、摩托艇、游泳等运动活动，相继成功举办了 F1 摩托艇世界锦标赛中国临沂大奖赛、世界杯滑水赛、全国摩托艇锦标赛、百里沂河水上运动挑战赛、中国沂河龙舟争霸赛、国际划联皮划艇世界冠军挑战赛暨第三届中国皮划艇公开赛、首届“红色沂蒙”皮划艇马拉松挑战赛、万人健步行等系列品牌赛事，提升了城市知名度和影响力，塑造了“动感水城、魅力临沂”的靓丽名片。

2019 年临沂国际马拉松赛（组图）

激情沂河赛事（组图）

城之韵

大美临沂，见证了新时代的中国速度。
美丽的新北城，转瞬之间，犹如梦幻。
一座现代化的新城区，拔地而起，蔚然大观，熠熠生辉，
展现着新时代的风采。
高铁站巍然耸立，迎接四方来客，
时空交错，流转着梦幻的旋律。

临沂大学新貌，教育智慧的殿堂，
培育英才，书写辉煌的篇章。
知识的灯火点亮未来的航道，
莘莘学子，追寻新时代的理想。

临沂商城，现代化的建设杰作，
五光十色，吸引着八方宾客的目光。
购物应有，尽情享受全国商贸之都购物采货的便捷愉悦，
商贾云集，开心享受中国物流之都便利快捷的繁荣辉煌。

城市快速发展，欣见蓬勃商机四溢，
楼宇拔地而起，展示着城市的雄姿。
道路纵横交错，编织出路网的通达，
航空高铁高速，打造立体交通网络。

城之韵，是进步与希望的旋律，
见证临沂的奋斗与辉煌。
每一座建筑，都凝聚着无数劳动者的汗水，
是沂蒙人的无私奉献，铸就了这座城市的精神丰碑。

让我们共同携手，书写未来的篇章，
在城市的繁荣中追逐放飞的梦想。
祝大美临沂永葆青春，再续辉煌，
绽放出更加灿烂的城市之光。

临沂进入高铁时代

2019 年 11 月 26 日，鲁南高铁（日兰高铁）日照至曲阜段在临沂北站正式开通运营。日（照）兰（考）高铁全线东起日照市，向西经临沂、济宁、菏泽，与河南省郑徐客运专线兰考南站接轨，正线全长约 477 公里。

临沂北站，位于临沂市兰山区沂蒙路以东，是大型高速铁路车站，全国地级市中最大的高铁车站之一。

临沂北站占地规模约 40 万平方米，由站房、站场、雨棚和临沂北动车运用所组成。站房总建筑面积96000平方米，其中主站房 7.6 万平方米，配套用房 2 万平方米。站场总规模为 8 站台 16 台面 20 股道，16 条到发线，4 条正线，先期建设 4 站台 8 台面 8 条到发线 2 条正线，分为高架候车层、站台层、地下换乘大厅、地铁轨道层，共 4 层，采用“上进下出”的模式。车站规划接入日兰高铁、京沪高铁二线、临连高铁、济临高铁，是融合高铁、轨道交通、长途汽车、城市公交、出租车等功能的大型综合交通枢纽。临沂北站在 2017 年 12 月 13 日正式开工建设。

鲁南高铁是国家“八纵八横”高速铁路网的重要连接线，也是山东省“四横六纵”高速铁路网的南部“一横”，是山东省建设里程最长、投资规模最大、惠及沿线人口最多的铁路项目。其中，日照西至曲阜东段线路全长 237.6 公里，全线共设日照西、厉家寨、莒南北、临沂北、费县北、蒙山、泗水南、曲阜东 8 座车站，东端于日照西站连接青盐铁路，西端通过曲阜东站与京沪高铁衔接，为双线高速铁路，设计时速 350 公里。

鲁南高铁日曲段通车，与已建成的京沪高铁、青盐铁路、济青高铁及胶济客专实现连通，山东省内形成高铁环形客运通道，串起济南、泰安、曲阜、临沂、日照、青岛、潍坊、淄博等市，旅客乘高铁环游齐鲁成为现实。

鲁南高铁的开通不仅对促进山东经济社会的协调发展具有十分重要的意义，也圆了沂蒙革命老区千万人民的“高铁梦”。至此，沂蒙革命老区迈入“高铁时代”，在全国著名的革命老区中走在前列。

● 临沂北站（组图）

载歌载舞喜迎高铁开通

高铁站原址

高铁工程建设场景一

高铁工程建设场景二

高铁工程建设场景三

鸟瞰临沂高铁

● 临沂汽车客运总站鸟瞰

临沂汽车客运总站

临沂汽车客运总站位于双岭高架路中段，地处临沂商城商贸物流中心区域。该站是按照高起点规划、高标准建设、高效能管理原则建设的现代化社会公用型客运站（国家一级客运站），是亚洲设计与建设规模最大的客运站之一，被中国交通部确定为“国家示范站”。

临沂汽车客运总站建成于 2006 年 10 月，2007 年 12 月 1 日全面投入运营。占地面积 33.3 公顷，站房楼总建筑面积 30166 平方米，由售票大厅、候车大厅、检票大厅 (三个发车岛)、虹拱组成。站内车场设有省际、省内、区内 3 个营运客车待发区，500 个泊车位。现有经营线路 300 余条，覆盖全国 19 个省、4 个直辖市和 2 个自治区，日发总班次 2500 余班，进站经营车辆 2000 多辆。

临沂汽车客运总站检票入口

建设前旧址

临沂汽车客运总站停车区

临沂大学

临沂大学坐落在历史文化名城、商贸物流之都、滨水生态之城、红色旅游城市、全国文明城市——山东省临沂市，是一所理、工、文、经、管、医、法、艺、教等多学科协调发展、特色鲜明的山东省人民政府直属管理的综合性大学。

临沂大学是一所革命老区大学，前身是 1941 年中国抗日军政大学第一分校支持建设的抗大式学校，后多次迁徙合并，校名几度更迭，历经滨海建国学院、临沂第一师范、临沂教师进修学校、临沂教育学院、临沂师专、临沂师范学院等发展阶段，1998 年开始本科办学，2010 年 12 月 8 日正式挂牌成立临沂大学，2018 年获批硕士学位授权单位。建校 80 多年来，根植琅琊文化沃土，传承红色基因，弘扬沂蒙精神，积淀形成“明义、锐思、弘毅、致远”的校训和“实”的校风，铸就“有信仰、能吃苦、善创新、敢担当、乐奉献”的临大特质和“团结包容、崇实尚贤、艰苦创业、勇于争先”的临大精神，为党和国家培养了 37 万余名优秀毕业生，熔铸了革命老区大学浓厚的红色基因和鲜明的办学特色。

临沂大学是临沂市唯一的综合性大学。学校始终坚持扎根沂蒙办学，始终牢固树立校地命运共同体理念，坚持融入临沂、依靠临沂、服务临沂、贡献临沂，着力打造文化传承创新、区域科技研发、区域人才、乡村振兴、民生事业服务“五大高地”，谱写了校地“水乳交融、共生共荣”的新篇章，成为沂蒙人民自己的大学。目前，学校占地约 6000 亩，在沂水、费县设立分校区，校舍面积 116 余万平方米，设有 26 个学院、5 个校级研究机构、5 个教辅机构和 5 个直属机构。现有教职工 2841 人，其中专任教师 2270 人，具有博士学位教师 914 人，现有国家级领军人才 4 人、省部级人才 29 人。有博士生导师 89 人、硕士生导师 558 人。在招本科专业 76 个，面向全国招生，全日制在校生 4.5 万余人，其中硕士研究生 590 余人、本科生 3.3 万余人、国际生 150 余人，每年毕业 1 万余人。临沂大学是山东省高水平学科首批培育建设单位、山东省应用型本科高校建设首批支持高校、山东省应用型人才培养特色名校、山东省首批教育信息化试点单位、全国绿化模范单位、国家发改委“产教融合”项目重点建设高校，综合实力不断增强，办学特色不断彰显，正在朝着区域一流省内一流的高水平综合性应用型大学昂首迈进。

临沂大学图书馆

临沂大学鸟瞰

体育场馆

● 体育场馆

● 临沂大学建设前旧貌

● 临沂大学城远眺

新东关

新东关是由政府主导开发的高端城市综合体，该项目涵盖住宅、商铺、公寓、仿古商业街等。项目占据临沂城市老城传统区域，东至滨河路，西至沂州路，南邻解放路，北接涑河南路，汇聚城市醇熟配套资源，坐享都市便捷生活圈。项目总占地 752 亩，总建筑面积 146 万平方米，整体分为沂州里古城文化商业区、古城与滨河商业过渡区、十字金街商业区、滨河高层住宅区、解放路沿街现代商业区五大片区。

新东关在开发总体规划上按照城市综合体的理念，以改善居民居住条件和生活环境为宗旨，以商、文、旅开发建设为依托，以沂州府古城风貌恢复建设为亮点，将新东关打造成临沂生活宜居区、特色文化区、繁荣商业区、古城风貌区、生态滨水区。通过各种特色区域的开发建设，形成了吃、住、行、旅、购为一体的临沂中心城区的核心区。

● 开发前旧貌（组图）

● 沿河新东关

沂州里国潮文旅商业街（组图）

魅力新北城

北城新区位于临沂市区正北部，隔祊河与老城区相接，隔沂河与河东区相望，柳青河纵贯南北，为三河四岸之地，上风上水，是临沂市城市总体规划的重要组成部分。一期开发面积为 23.7 平方公里，二期面积 21.3 平方公里，三期的核心区高铁片区总规划面积 23 平方公里。

北城新区自 2004 年 10 月启动开发建设以来，从保障和改善民生出发，按照以人为本和“集约、智能、绿色、低碳”的要求，作为高起点建设的

新城区，北有镇山后花园茶山景区风光旖旎，两侧滨河景区如绿色屏障，勾勒出一个山环水抱的花园新城，其人居环境之美在全省也绝无仅有。北城新区，是全市的政治、文化中心，也是全市的金融、商业副中心，高达 300 多米的临沂第一高塔——电视发射塔如东方明珠一样耸立在三河口北岸，成为俯瞰临沂城市全貌的第一制高点；国际雕塑公园、阳光沙滩、五洲湖文化广场、沿滨河精品楼盘像一颗颗明珠散落沂、祊河岸畔，构成一幅秀美的生态滨水城市景观。

● 鸟瞰新北城

魅力北城

阳光沙滩

广州路樱花大道

滨河夜色之韵

北京路

临商银行总行大楼——临商大厦，位于临沂市兰山区沂蒙路与北京路交汇处，由一栋 41 层的主体办公塔楼、5 层的裙房和 2 层的地下室组成，主楼高 173.9 米。临商大厦 2006 年由常青主持设计，2012 年竣工投入使用。大楼挺拔的竖向线条和起承转合的形体关系，营造出具有传统古塔韵味的建筑形象，顶部球体下采用象征群山的 V 形多棱折面体的处理，顶部处理表达了大汶口文化遗址陶尊上的象形文字“旦”字的文化意象。融合中国传统哲学思想和西方建筑审美的现代设计手法，使临商大厦成为城市中最具中西文化意象的地标性建筑，获 2013 年山东省建筑工程质量“泰山杯”奖。

● 北城新区夜景

临沂文化中心

● 临沂奥体公园

● 原工人文化宫（1980 年建）

临沂第四中学建筑综合体

沂蒙路与北京路交汇处旧貌

原南坊后小寺村

原南坊朱高村

临沂滨河国家城市湿地公园

临沂滨河国家城市湿地公园依托沂河、祊河城区段，北起汶泗路汤头桥和北外环，南至刘家道口水利枢纽，总面积约 75 平方公里。其中水域面积 48.5 平方公里，绿地面积 18 平方公里，堤坝道路 160 公里，蓄水量达 1.62 亿立方米，形成了“一河清水、两岸秀色、三季有花、四季常青”，具有防洪、交通、景观、休闲、娱乐、文化、旅游等多功能的水城景观。湿地通过水体自净，可降低环境污染负荷 15%，每天可制造氧气 2400 吨，吸收二氧化碳 3400 吨、二氧化硫近 300 吨，被誉为“城市氧吧”。2007 年 2 月，滨河湿地公园被建设部命名为国家城市湿地公园;滨河景区环境综合治理工程被评为“中国人居环境范例奖”。

滨河景区规划建设有小埠东、桃园、角沂、柳杭等拦河橡胶坝和全

国设计流量最大的平原水闸——刘家道口水利枢纽。其中沂河小埠东橡胶坝全长 1247.4 米，是世界最长的橡胶坝，被载入世界吉尼斯纪录。景区规划建设有沂蒙广场、凤凰广场、书法广场、阳光沙滩等 9 大主题广场，有缤纷世界、奇石园、柿子园、石榴园等 18 个生态园区。旅游规划建设有沂蒙文化展示区、水上游览娱乐区、水上体育运动竞技区、生态休闲园区、湿地保护区五大功能区。

湿地公园生物资源丰富，种类繁多。据不完全统计，区域内有鸟类 120 余种，其中留鸟 40 种，候鸟 30 种，繁殖鸟 30 种；两栖动物 7 种，爬行动物 13 种，哺乳动物 24 种；鱼类 21 种；水生植物 146 种；林果类木本植物 53 种，观赏性树种 56 种。

随着沂河生态环境的进一步改善，近年来沂河城区段野生鸟类已达 120 余种。2023 年冬季，国家一级重点保护野生动物丹顶鹤“落户”沂河。

滨河湿地（组图）

滨河湿地百里远
绿荫植被飞羽旋

沂河阳光沙滩景观

● 沿河景观（组图）

多彩临沂　活力之城

城市建设日日新 河域百里四季春

跋

“人人都说沂蒙山好，沂蒙山上好风光”。2000 年我到山东工作后，去过临沂不少县区采访，记得当时临沂城只有稀疏的几幢高楼，更谈不上城市标志性建筑，简陋的批发市场散落在市区各个角落，我对临沂的印象仅停留在是沂蒙老区，民风淳朴，基础设施建设亟须改善。随着这座城市的沧桑巨变，越来越多的人扎根临沂。1994 年 12 月 17 日，国务院批准撤销临沂地区和县级临沂市，设立地级临沂市。今年恰逢临沂撤地设市 30 周年之时，付迎东先生将他再版的《临沂城韵》专著摆在我的面前时，我对临沂变化之大、景观之美、发展之快有了全新的认识。

翻阅这本专著，一幅幅具有艺术性和文化内涵的图片，让我有种置身于北上广深大城市的感觉，也看到了沂蒙人民用勤劳的双手和智慧不断地加快现代化城市建设速度和赶超一流大城市的宏伟蓝图。沂河两岸阶次排开的功能片区和鳞次栉比的高楼大厦，像一条蜿蜒的巨龙，一眼望不到边际，地标性建筑临沂电视塔直插云霄。华灯初上，流光溢彩，五颜六色的灯带把城市装扮得分外妖娆！

付迎东先生作为沂蒙老区一名优秀摄影师，以自己掌握的摄影技巧、在长期创作实践中形成的审美视角，对临沂之美进行捕捉、赞美，对临沂的变迁进行形象记录，再现了瞬间震动心灵的精彩一刻，展现了改革开放和城市化进程中临沂所发生的翻天覆地的变化，表达了他对这片养育自己热土的眷恋之情。

摄影是一门综合性艺术，是构图、光影巧妙的结合。摄影又是一件枯燥而辛苦的事情，要跋山涉水去寻找不被人们看到的风景，有时还需要冒严寒、顶酷暑去苦苦等待光线及主题的出现，这是常人难以想象的。正是付迎东先生的全身心投入和付出，几十年如一日，历尽艰辛，不辞劳苦，才使得我们看到这些构图严谨、主题突出、光线运用极好的作品。相信更多的人通过他的作品，能够更好地了解临沂、认知临沂、喜爱临沂。

精益求精，艺无止境。衷心祝愿付迎东先生创作出更多的优秀摄影作品，让临沂之美通过镜头走出山东，走向全国，走向世界。

山东省摄影家协会主席
新华社山东分社图片总监
高级记者 [签名]
2024年4月18日

后 记

临沂是我美丽的家乡。我生于斯，长于斯，工作于斯，生活于斯。对它的了解越多越透，对它的感情也就越深越厚。

我长期从事城市建设管理工作，发现临沂之美、宣传临沂之美，不仅出于我的热爱，更是我的责任。多年来，我始终关注着临沂这座城市日新月异的变化，足迹遍布全市，行摄于山水之间，流连于高楼大厦和历史建筑，对家乡四季的变化做了认真细致的观察。与此同时，我对临沂历史文化和风情民俗也做了深入的研究，为的是寻找出“大美临沂”的独特魅力。为此，我挨过冻，受过饿，摔过腿，崴过脚，虽历经艰辛，却乐在其中。值得欣慰的是，作为临沂城市建设管理事业的建设者、见证者、记录者，30 年来我时时在钻研城市建设管理和宣传工作，先后在《人民日报》《光明日报》《大众日报》《中国建设报》《中国艺术报》《中国摄影报》《临沂日报》等报刊发表 1500 余篇图文并茂的稿件，出版了《王羲之故居》《锦绣临沂》《临沂城韵》三部专著，其中《临沂城韵》更是多次再版。

这本专著中选取的作品见证着临沂几十年来的历史变迁。临沂由过去一座普通的中小城市，发展到如今宜居宜业宜游、现代化生态化特色化区域中心城市，充分证明了一切成就都是干出来的; 只有干出来的辉煌 , 没有等出来的精彩。《临沂城韵》即将付梓再版，真心希望这部作品是一次对大美临沂的图说归纳和解读，为宣传和提升临沂城市形象尽一己微薄之力。

本书创作与出版得到临沂翔泰商业运营管理有限公司、天马服装集团有限公司、临沂市政集团有限公司、临沂天马灯饰有限公司，以及我的家乡河东区八湖镇党委、镇人民政府等单位的鼎力相助，在此一并致谢！山东省摄影家协会主席、新华社山东分社图片总监范长国在百忙之中为本书作跋，著名书画家萧晖荣先生为本书题写书名，篆刻家沙善忠先生为本书篆刻印章，挚友高明、周华、邱高翔、朱孟宇、王焕全、李明耀、王玉、陈元方、王开峰、徐志强、陈安信、安建勇、赵景振、陈嵩、赵焕冲、上官修启、李璐、陈胜国、卢光东、刘广泉、马玉伟、徐学胜、孙艳玲等为本书的装帧设计、文稿编写给予了很多帮助指导，他们的支持与鼓励让我倍感欣慰。这里还要感谢多年来在工作和艺术创作上给予我巨大关心、关怀的领导和朋友们，他们用无声的支持和诚恳的建议鼓励我，督促我，推动我。衷心感谢我的父母、我的家人无私的付出和奉献，让我有更多的精力投入到创作中。

竭尽驽钝 , 斗胆笃行。虽然探索努力多年，但在摄影艺术创作理念和写作方面，在景观的摄取与表现等方面仍有一些不足之处，欢迎文艺界同行和广大读者朋友们不吝赐教，批评指正。

付迎东

2024年4月23日

崛起的商业综合体 繁华的城市“会客厅”

翔泰·奥特莱斯位于临沂人民广场地下商场，前身为临沂广场商城，与广场同步建设，历经 20 多个春秋的风雨兼程，已发展成为目前山东省面积最大的地下单体民用建筑工程，商场总建筑面积达 7.2 万平方米，该周边共计 30 多条公交线路、4 条主干道交织环抱、交通便利，拥有 2 个地上停车场、4 个地下停车场，停车位近 1000 个。

该商场以广场特殊位置与功能，打造以零售奥莱、休闲、餐饮、娱乐为一体的综合体，新增了约有 40 多家风味餐饮及音乐酒吧；投资千万元建设了休闲娱乐中心，包括电影院、电玩城、KTV 及儿童娱乐城等，以及符合市民生活水平和生活需要的精品超市。商场本着以人为本、为民服务等经营理念，为社会和市民做好优质服务，商场的再次提升，以“共享繁华，再创辉煌”的理念和业主共同携手，为市民打造一个集购物、美食、休闲、娱乐等多种功能于一体的综合性场所，为繁荣临沂经济高质量发展做出贡献。

荷美八湖 东部商城

八湖镇位于临沂市河东区东北部，辖51个自然村，人口7.7万人，总面积92平方公里，东距日照港、岚山港70公里，距离临沂北站（高铁站）18公里、临沂启阳国际机场20公里。境内交通便利，临沂东外环（G205、G206）、长深高速、临滕高速、临盐高速贯穿全境。有沭河、汤河、管仲河等7条河渠流经，水系发达，植被茂密，生态环境良好。这里是中国脱水蔬菜加工城、中国莲藕之乡、中国草莓之乡、全国环境优美乡镇、全国农产品加工业示范基地、国家农业标准化示范区和省级文明村镇，并被评为临沂市首届最美村镇，临沂市十强农业乡镇。

该镇农产品作物主要有小麦、水稻、大蒜、西红柿、梨、桃等。全镇种植莲藕1.08万亩，“八湖莲藕”被认证为国家地理标志产品，盛夏时节，荷花绽放，季节的斑斓呈现出一幅五彩的画卷。这里种植草莓8000亩，被评为“沂蒙草莓之乡”。镇域产业分类主要以脱水蔬菜高端食品加工、钢材商贸仓储物流以及智能机电制造、塑料包装产品加工、文体用品生产等为主。全镇有以大林、天勤、田源、创新等食品加工企业为首的脱水蔬菜加工企业近60家，规模和效益均居国内首位，是全国最大的脱水蔬菜加工基地，产品出口世界20多个国家和地区。临沂国际金属生态城于2021年6月正式运营，占地1000余亩，总投资21亿元，年交易额超300亿元。近年来，全镇着力扶持培育发展本地民营经济，中小企业总数逾1000家，镇域经济活力持续增强，高质量发展态势良好。

● 有机草莓基地

● 万亩荷塘

● 鲁南高铁经过该镇辖区

● 脱水蔬菜分拣

● 临沂国际金属生态城